Le toucher, le goût et l'odorat

Steve Parker – Louis Morzac

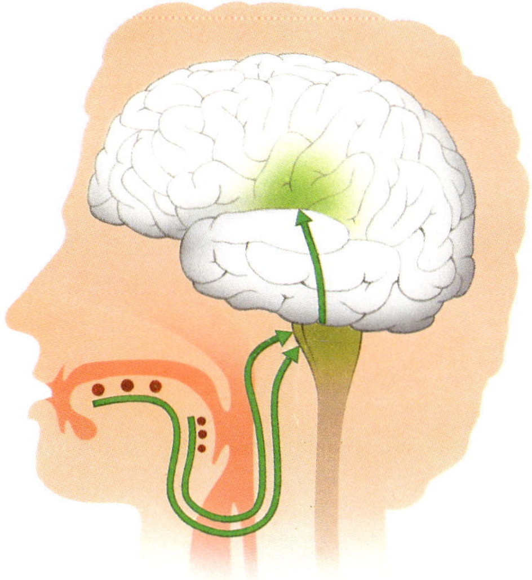

ÉDITIONS GAMMA
LES ÉDITIONS ÉCOLE ACTIVE

Les mots en caractères gras sont repris dans le glossaire.

L'édition originale de cet ouvrage
a paru sous le titre : *Touch, Taste and Smell*

96, Leonard Street, London EC2A 4RH

Adaptation française de Louis Morzac

D/1990/0195/79
ISBN 2-7130-1133-7
(édition originale : ISBN 086313 740 7)

Exclusivité au Canada :
Les Éditions École Active,
2244, rue Rouen, Montréal H2K 1L5
Dépôts légaux, 4e trimestre 1990
Bibliothèque nationale du Québec
Bibliothèque nationale du Canada
ISBN 2-89069-275-2

Imprimé en Belgique

Origine des photographies : CONDOR 37 ; Colorsport 16 ; Chris Fairclough 5, 22, 28, 29, 35 ; Royal National Institute for the Blind 13 ; Science Photo Library ; Couverture Hadjo CNRI ; Eric Graves 9 ; Martin Dohrn 11 ; Dr R. Clark et M. R. Goff 15 ; M. I. Walker 18, 31 ; Astrid Kage 24 ; Jan Hinsch 33 ; Eileen Langsley, Supersport 21 ; ZEFA 19, 27.

Sommaire

Introduction

Nous devons être à même de définir notre environnement pour procéder aux actes élémentaires de la vie, comme trouver des aliments et éviter le danger. Les mécanismes corporels qui perçoivent et fournissent ces informations s'appellent les sens.

Outre l'équilibre, l'homme a cinq sens: le goût, l'odorat, l'ouïe, le toucher et la vue. Le toucher permet de détecter froid, chaleur, pression et douleur tout en assurant le contact. Le toucher et d'autres sens informent le cerveau des conditions internes du corps: température, niveau des sécrétions, concentration de certains composés chimiques.

Le goût et l'odorat étaient très importants pour les premiers hommes qui ne pouvaient pas se procurer des aliments propres et sains dans un supermarché et ne cuisaient même pas leur nourriture. Ils récoltaient des végétaux dans leur environnement naturel. Parfois, ils s'emparaient des œufs trouvés dans un nid ou chassaient quelqu'animal pour sa viande. Ils étaient tributaires du goût et de l'odorat pour repérer les produits comestibles. De nos jours, les aliments que nous cultivons ou achetons dans les magasins sont le plus souvent parfaitement comestibles et leur cuisson tue les bactéries et autres germes. Le goût et l'odorat nous servent donc davantage à apprécier un bon repas qu'à déceler un empoisonnement. Les organes du goût et de l'odorat sont essentiellement la langue et le nez, qui sont idéalement situés pour nous avertir d'éventuels désagréments, juste avant que les aliments ne soient ingurgités.

▷ Lorsque nous mangeons et buvons, nous utilisons simultanément plusieurs sens. Par le goût et l'odorat, nous apprécions la saveur des mets. Le plaisir de manger est influencé par la température des aliments et leur texture qu'identifie le toucher. L'appréciation des mets épicés ou relevés ne résulte que d'un apprentissage. La plupart des enfants préfèrent les saveurs légères.

CYPRU
THE ISLAND OF

Le cerveau et les sens

La fonction des organes sensoriels, tels que le nez ou la langue, est de transmettre au cerveau l'information qu'ils ont détectée. Ce processus ne peut s'accomplir que par la conversion des sensations en signaux électriques appelés impulsions nerveuses.

Les impulsions nerveuses sont porteuses d'informations codées. Elles passent par des nerfs pour atteindre le cerveau où elles sont triées, analysées et interprétées – comme les signaux dans un ordinateur – mais au cours d'un processus infiniment plus complexe.

La première étape de nombreuses impulsions est le **thalamus,** une petite région sensitive située dans le cerveau, dont la fonction est de trier les informations qui lui viennent des organes sensoriels et d'envoyer des impulsions à différentes parties du cerveau.

▷ Des sensations de différents types sont traitées par des régions spécifiques du cortex cérébral.
1 Les régions latérales sont le siège de l'ouïe et du goût.
2 Les sensations du toucher perçues à la surface du corps sont identifiées dans une bande transversale à la partie supérieure du cortex.

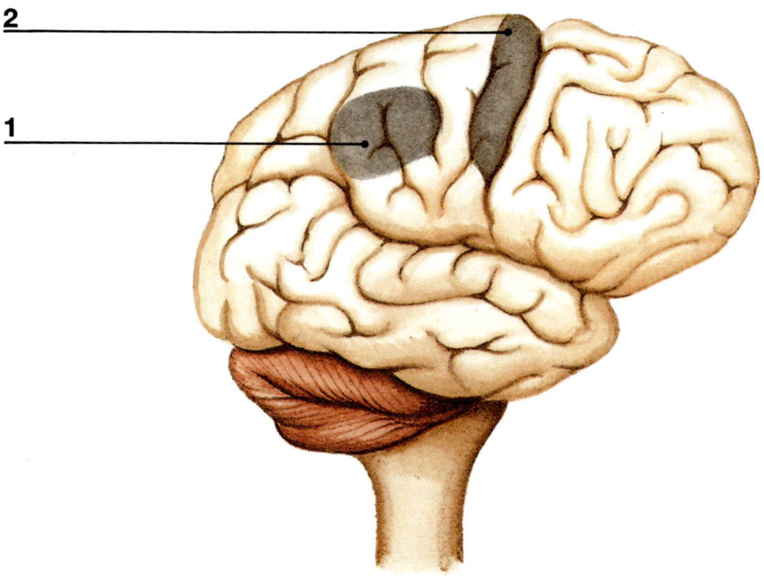

Le thalamus est comparable à un centre de tri postal où le courrier venant de tous les coins du pays aboutit, est trié et réexpédié vers les destinataires.

L'information en provenance des organes des sens est envoyée à différentes parties du **cortex** cérébral, cette grande écorce de quelques mm d'épaisseur qui recouvre les parties supérieure et latérales du cerveau et qui, étendue, aurait la superficie d'une taie d'oreiller.

Les impulsions originaires des sens sont toujours expédiées à une région spécifique du cortex. Les centres du goût et de l'odorat sont deux petites régions latérales du cortex, le premier surmontant le second. Le toucher occupe une bande transversale plus importante du cortex au sommet du cerveau.

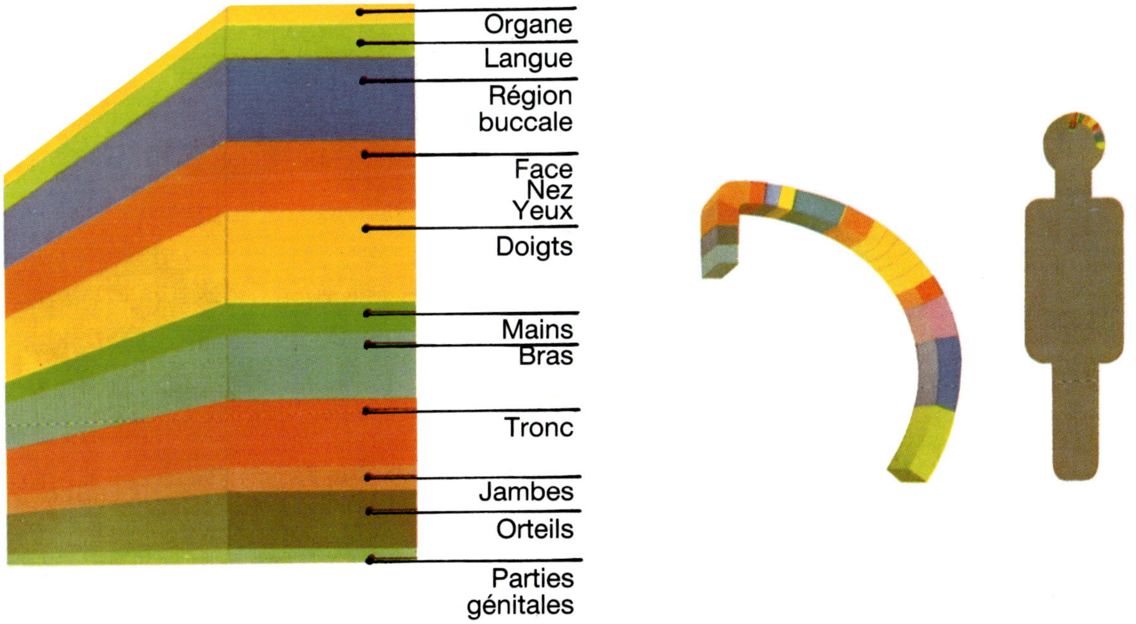

▽ L'importance relative des différents sens est illustrée par les superficies qu'ils occupent à la surface du cortex. On voit clairement l'importance de la surface occupée par le toucher qui englobe la face, le nez, les yeux et les doigts.

Sensibilité de la peau

Des empreintes personnalisées

Les rides de la peau des extrémités des doigts permettent d'agripper plus facilement qu'une peau unie et douce. Le dessin de ces rides est différent pour chacun. Les empreintes digitales laissées par un criminel négligent sur les lieux de son forfait sont utilisées pour prouver sa présence passée, aucune autre personne n'ayant les mêmes empreintes. Dans certains cas, on a aussi utilisé les empreintes des pores des extrémités des doigts. Ces pores sont au nombre de 10 à 20 par mm de ride peaucière. La transpiration sortant des pores humidifie la peau et lui donne une meilleure adhérence. Essayez de ramasser une épingle après vous êtes soigneusement lavé et séché les doigts!

La peau est l'organe sensoriel le plus étendu du corps. Celle d'un adulte moyen pèse environ 4 kg et possède une superficie de quelque 2 m^2. Elle est l'enveloppe souple de protection de tout le corps.

La peau est sensible non seulement au toucher, mais aussi à la pression, à la douleur et à la température. Elle a également beaucoup d'autres fonctions: elle renferme des humeurs de l'organisme, interdit l'accès de celui-ci aux substances dangereuses, protège les délicates parties internes du corps et contribue à sa régulation thermique.

La couche superficielle de la peau, extrêmement fine, n'a qu'une épaisseur d'1 mm environ et est surtout constituée de cellules mortes. Elle est donc insensible. Les **dendrites** ou arborisations terminales des nerfs sensitifs, qui sont les **récepteurs** du toucher, sont enfouies sous la couche superficielle de protection, dans une couche qui elle, est bien vivante.

Les récepteurs des sensations sont excités par des **stimuli.** Un stimulus sensoriel de la peau peut être par exemple un effleurement ou un récipient brûlant. En l'absence de stimulus, les dendrites envoient au ralenti des impulsions au cerveau. Mais, excitées par un stimulus, elles lui expédient des impulsions nerveuses à un rythme rapide. En général, la cadence de production est d'autant plus élevée que le stimulus est puissant. Le cerveau localise l'origine de la stimulation, quelles dendrites envoient des impulsions et à quelle cadence. Lorsque ces informations sont globalisées nous «sentons» ce qui est arrivé.

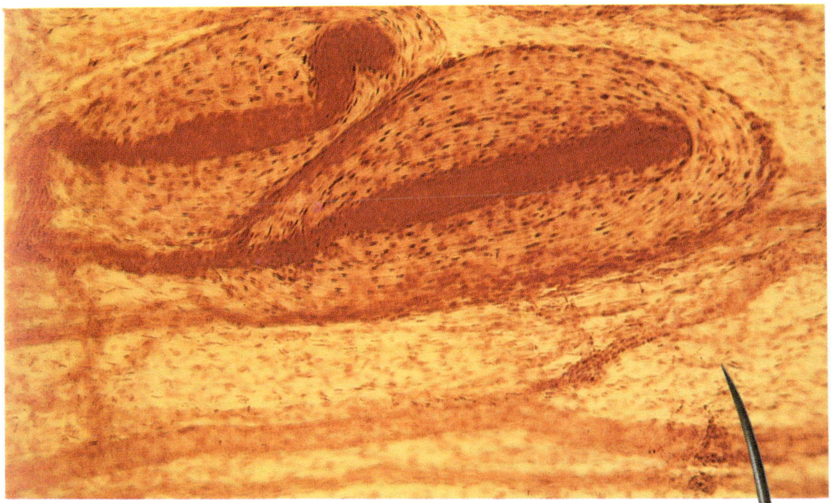

◁ Récepteur du toucher dans la peau.

▽ La peau renferme plusieurs types de récepteurs sensoriels à la fonction spécifique. Ces dendrites sont situées dans la peau à différents niveaux. Chaque type a une forme différente.

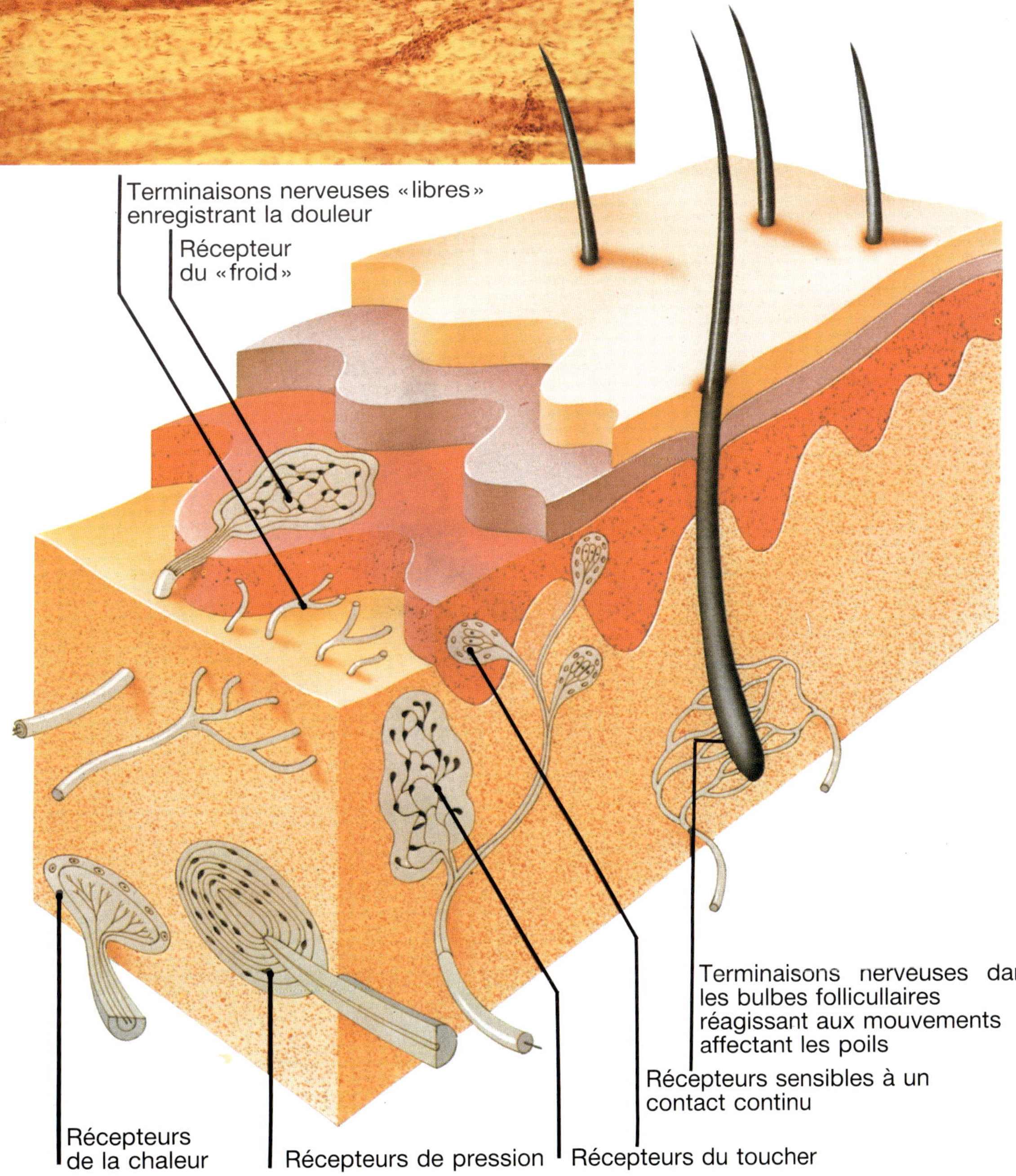

Le sens du toucher

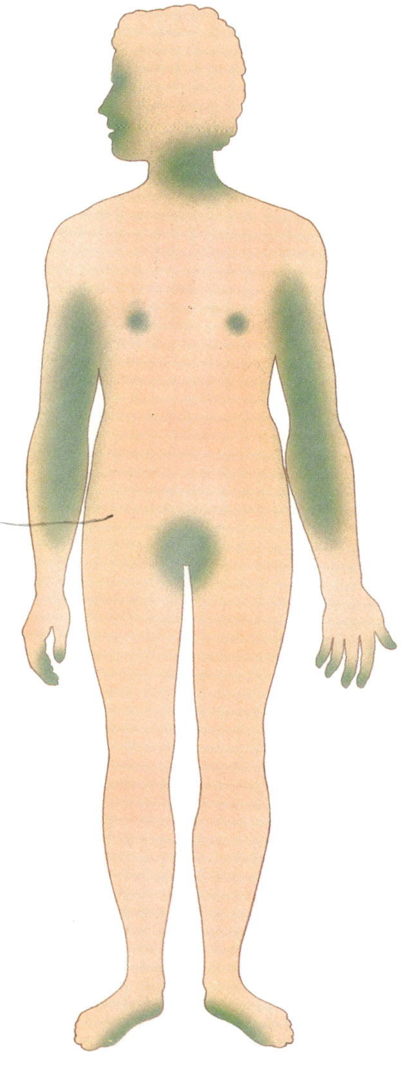

△ Les récepteurs du toucher sont agglomérés à certains endroits du corps. C'est dans les zones verdâtres que l'on trouve la plus grande concentration de terminaisons nerveuses sensorielles. Ces zones sont les plus sensibles du corps.

Certaines régions de la peau, dont celle des lèvres et des extrémités des doigts, sont beaucoup plus sensibles que d'autres, comme le dos ou la cuisse. Nous utilisons ces zones ultrasensibles pour trouver des informations détaillées sur la forme, la texture, la dureté et la température de ce que nous touchons.

Ces zones sont aussi sensibles parce que leur peau est le siège d'une grande concentration de dendrites. Même le stimulus le plus léger peut y exciter quelques récepteurs. Vous pouvez l'éprouver vous-même. Prenez un compas à pointes sèches et écartez-en les pointes de 25 mm environ. Fermez les yeux et demandez à un aide de toucher doucement l'extrémité de l'un de vos doigts avec les pointes. Vous les sentirez probablement individuellement. Faites diminuer de quelques mm l'intervalle séparant les pointes et renouvelez l'expérience, de préférence à un endroit quelque peu différent. Continuez ainsi jusqu' à ce que vous ne sentiez plus qu'une seule pointe. À l'extrémité d'un doigt, cette sensation n'apparaît habituellement que lorsque les pointes ne sont plus distantes que d'environ 2 mm. Recommencez l'expérience sur l'avant-bras ou au bas de la jambe. Avant de sentir les pointes séparément, vous pouvez être amené à porter l'intervalle à 50 mm. Ces régions du corps possèdent moins de récepteurs et la probabilité de stimulation simultanée par les pointes est moindre. On peut arriver à dessiner une «carte de sensibilité peaucière» en procédant à cette expérience sur tout le corps.

Au microscope, la plupart des récepteurs apparaissent comme de minuscules oignons. Ils sont faits de couches gélatineuses superposées. Lorsqu'ils sont écrasés, les couches frottent l'une contre l'autre, ce qui génère des impulsions nerveuses électriques.

Les poils qui sortent de la peau sont faits d'un tissu dur, mat et insensible. Mais la racine bulbaire et vivante enfouie dans la peau est entourée d'un tissu nerveux. C'est un type de terminaison nerveuse du toucher. Le mouvement des poils excite ces terminaisons et provoque l'émission d'une rafale d'impulsions nerveuses. Lorsqu'on effleure la peau en ne touchant que les poils, nous le sentons. Lorsqu'on « sent le vent au visage », on perçoit surtout les sensations recueillies par les très fins poils que le vent remue. Et lorsqu'on arrache un poil avec sa racine, les terminaisons nerveuses enregistrent la douleur.

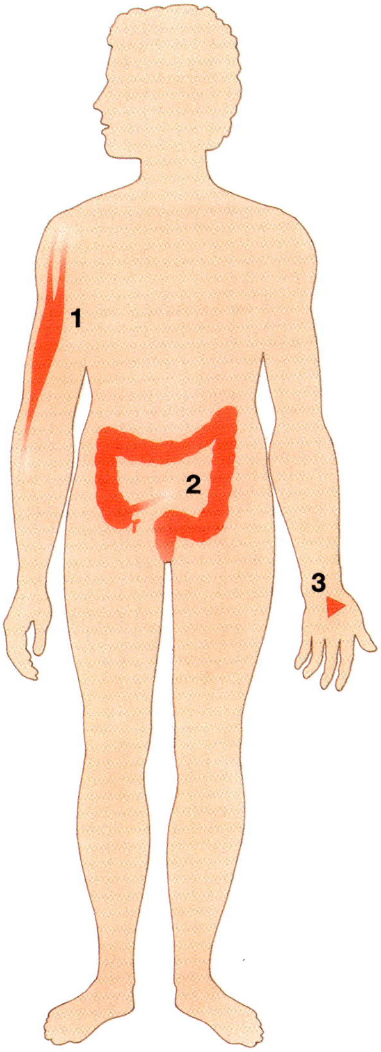

△ Des dendrites différentes sont réparties à travers le corps et convertissent les changements physiques tels la pression sur la peau ou l'extension d'un muscle en signaux nerveux.
1 Les récepteurs d'extension des muscles contrôlent la position des membres et du corps.
2 Les récepteurs du système digestif contrôlent l'acheminement des aliments.
3 Les récepteurs des articulations contrôlent leur mouvement.

L'horripilation

Chez beaucoup d'animaux, quand les récepteurs de température logés dans la peau et dans le corps détectent une chute de température, les poils se dressent et emprisonnent dans la fourrure l'air qui est en contact avec la peau, formant ainsi une couche isolante contre le froid extérieur. Le mouvement des poils donne à la peau cet aspect familièrement appelé « chair de poule ».

La dépendance au toucher

▽ Si nous tenons un pois entre deux doigts croisés, nous avons la sensation de toucher deux objets distincts. Le cerveau ne comprend pas qu'un seul objet puisse être simultanément en contact avec les côtés opposés de deux doigts. Cette simple expérience montre comment une situation inhabituelle peut perturber la représentation mentale que nous avons de notre corps.

Le toucher contribue à la protection du corps. Si nous saisissons un objet dur qui donne la sensation de couper, nous le lâchons aussitôt. Ainsi en va-t-il d'un objet exerçant une pression susceptible d'endommager un muscle ou un **tendon**. Nos muscles ont la force de se déchirer eux-mêmes ou d'endommager les tendons les reliant aux os qu'ils actionnent.

Plusieurs maladies affectent les dendrites du toucher ou les **axones** qui transmettent les impulsions au cerveau. Ceux qui sont atteints de ces maladies peuvent ne plus percevoir la sensation d'un risque pour la peau. L'une d'entre elles est la **lèpre**. Les lépreux n'ont pas les perceptions tactiles qui leur permettraient de déceler la chaleur, l'acuité, la forme et risquent de se brûler la peau ou de se couper. Dans quelques maladies nerveuses, certaines parties du corps perdent le sens du toucher.

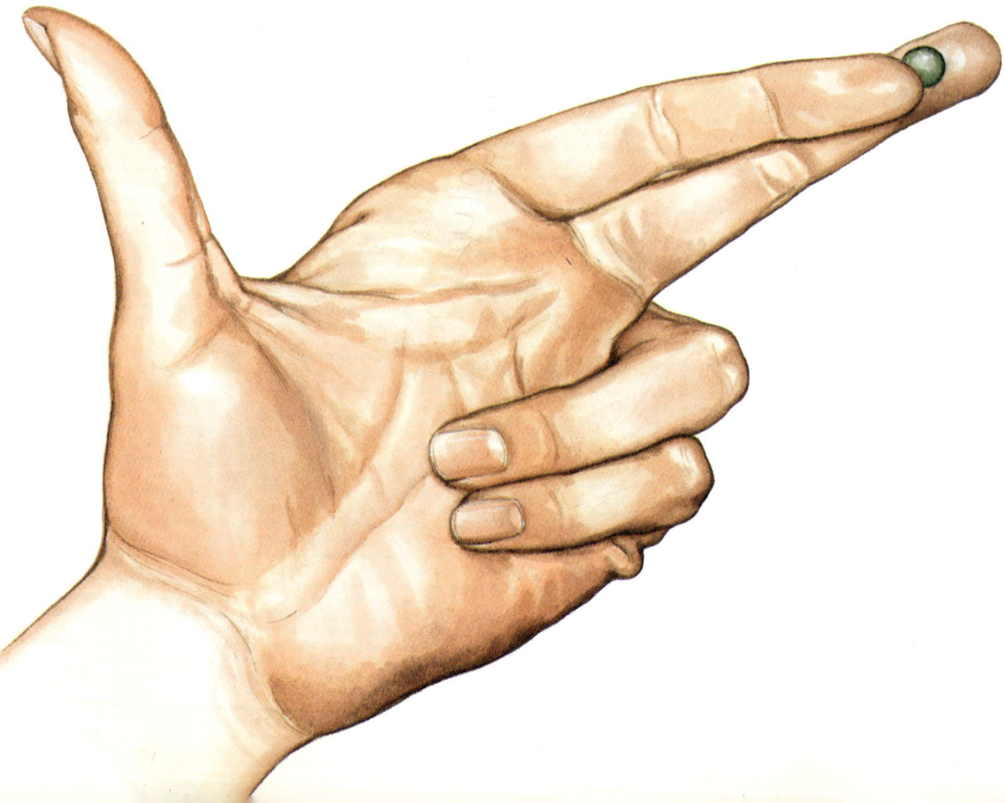

Une personne amputée d'un membre peut sentir ce membre ; même disparu, il peut occasionner des démangeaisons, des sensations de froid ou de chaud ou de douleur. Bien que les récepteurs de ces sensations n'existent plus, une partie des nerfs porteurs des impulsions qu'ils envoyaient au cerveau sont toujours dans le moignon. Le tissu de la cicatrice recouvrant les extrémités des nerfs sectionnés peut amener ceux-ci à envoyer des impulsions au cerveau qui se « souvient » d'où ces impulsions lui parvenaient : le sujet imagine que le membre est demeuré à sa place.

Les ongles concourent à la sensibilité du toucher car ils servent d'appui rigide à la peau sensible du bout des doigts. Sans eux, la chair des phalangettes se replierait, les stimuli ne s'appliqueraient probablement qu'à moins de récepteurs et la sensibilité au toucher s'en trouverait réduite.

Voir du bout des doigts

Que les aveugles améliorent leurs autres sens pour compenser leur cécité est une croyance erronée. Cependant, ils parviennent à améliorer l'interprétation des informations d'origine sensorielle. L'un des sens les plus importants pour les aveugles est le toucher. Parfois, ces infirmes peuvent se fabriquer une image de quelqu'un, rien qu'en lui touchant le visage.

◁ L'alphabet Braille est un alphabet conventionnel en points saillants. En touchant ces signes en relief, les aveugles lisent avec le bout des doigts. Cette invention date de 1837. Elle est due à un aveugle français, Louis Braille.

Froid et chaleur

L'organisme humain s'efforce de se maintenir à une température constante, quel que soit l'environnement. La température moyenne du corps humain varie entre 36° ct 37°C, plus que celle qui règne partout sur la Terre sauf dans ses zones les plus chaudes. C'est pourquoi l'on parle de sang «chaud».

Les récepteurs de température du corps contribuent à sa régulation thermique. Si la température baisse, nous avons froid. Nous enfilons des vêtements supplémentaires ou nous gagnons un endroit plus chaud. Si ces actions sont sans effet, les vaisseaux sanguins de la peau se rétrécissent de sorte qu'une quantité moindre de sang chaud irrigue la surface du corps. Nous perdons ainsi moins de chaleur mais nous pâlissons.

Si la température du corps s'élève, nous pouvons enlever des vêtements ou gagner un endroit plus frais. Pour aider au refroidissement du corps, les vaisseaux sanguins de la peau s'élargissent et transportent plus de sang. Ce phénomène libère l'excès de chaleur, nous sommes rouges et congestionnés. Les **glandes sudoripares** du derme sécrètent la **transpiration** qui s'évapore à la surface de la peau en libérant de la chaleur.

La peau joue un rôle dans la détection de la température extérieure. Le contact avec un objet très chaud peut occasionner une brûlure. Le froid extrême peut détruire les tissus. Les récepteurs paraissent plus sensibles aux changements de température qu'à la température elle-même.

La régulation thermique

Le système de régulation thermique peut être l'objet de défaillances. À défaut de précautions contre des températures extrêmes, des problèmes graves peuvent surgir.

- **L'hypothermie** affecte souvent les personnes âgées exposées au froid. Elle correspond à une chute de la température du corps au-dessous de 35°C. À partir de cette limite, de nombreux processus physiologiques s'arrêtent et la mort peut s'ensuivre.
- **L'hyperthermie** commence quand la température du corps dépasse 41°C. Ses symptômes incluent le coma ou des convulsions et une peau brûlante et sèche. Elle peut aussi être létale.

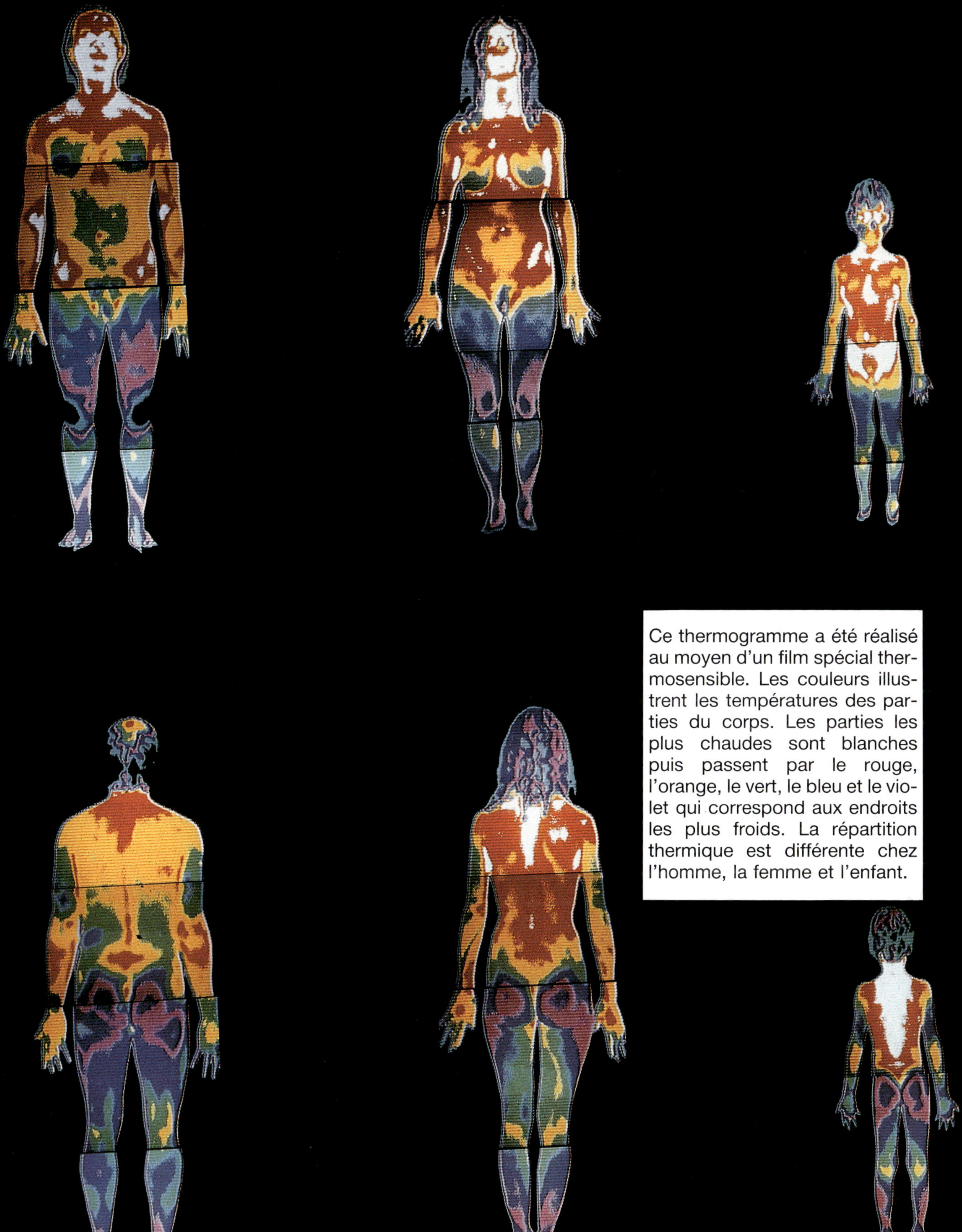

Ce thermogramme a été réalisé au moyen d'un film spécial thermosensible. Les couleurs illustrent les températures des parties du corps. Les parties les plus chaudes sont blanches puis passent par le rouge, l'orange, le vert, le bleu et le violet qui correspond aux endroits les plus froids. La répartition thermique est différente chez l'homme, la femme et l'enfant.

La douleur

△ Le supplice d'un traumatisme: évacuation d'une gymnaste blessée au cours des jeux olympiques de Séoul en 1988. La douleur est un avertissement. La sagesse recommande l'abandon immédiat plutôt que la tentative de poursuivre la compétition et d'aggraver le traumatisme. Cependant, dans l'action, le sentiment d'être exclu après tant d'entraînements peut bouleverser l'athlète plus que la douleur elle-même.

Un adage populaire prétend qu'un «bobo» n'a jamais tué personne. Même si cette assertion paraît étrange, elle comporte une part de vérité. La douleur a une importance vitale. Elle contribue à la protection du corps car elle est un avertissement: le corps est en danger, en cours d'endommagement ou déjà endommagé; il s'agit d'y remédier.

La sensation de douleur vient d'une stimulation excessive de différents types de récepteurs. Des récepteurs spécifiques de la douleur sont aussi répartis à la surface de la peau et du corps. Dans certaines régions très délicates comme la surface oculaire, leur densité est plus grande. À d'autres endroits, comme les phalangettes, ils sont plus rares, en partie parce que les récepteurs du toucher et de la pression y sont très nombreux et que leur fonction principale est de détecter les effleurements.

L'intérieur du corps renferme aussi des détecteurs de douleur qui nous avertissent si un muscle est froissé, une articulation foulée, un os fracturé ou une maladie en cours.

Des appellations variées tendent à caractériser les sortes de douleurs: sensation de brûlure, mal, douleur aïgue, sourde, fulgurante. Il nous est impossible de ressentir la douleur d'un autre et d'en discuter pour la définir. Cependant, la plupart des gens semblent capables de décrire leur souffrance et la description qu'ils en donnent aide le médecin à diagnostiquer la maladie et à prescrire le traitement adéquat.

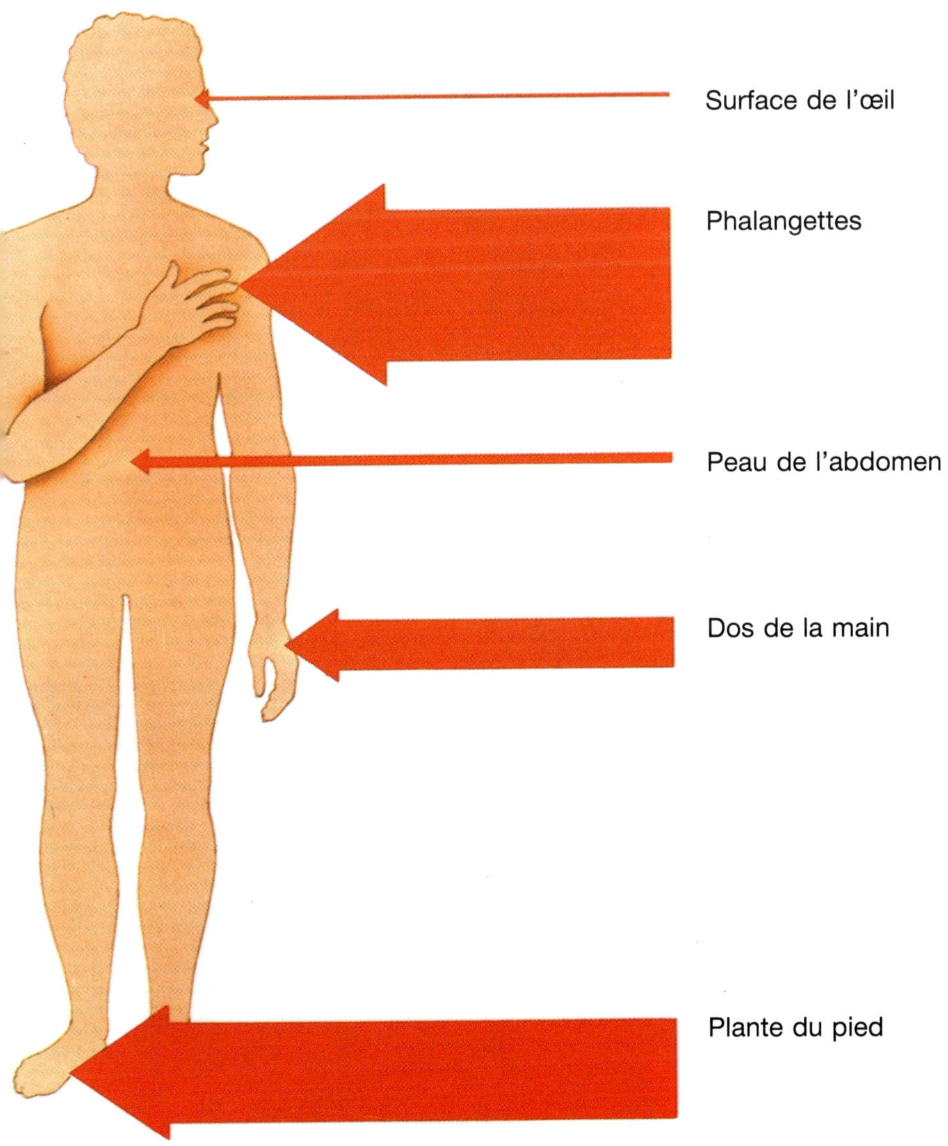

Sensibilité à la douleur

Les récepteurs de douleur sont inégalement répartis à travers le corps, de sorte que pour enregistrer une douleur, les différentes parties du corps doivent être soumises à des pressions différentes, légère pour l'œil, mais 1 000 fois plus forte pour les doigts. De même, la pression nécessaire pour occasionner une douleur au dos de la main est le tiers de celle que requiert une phalangette.

La pression qu'il faut exercer sur la peau pour occasionner une douleur varie énormément d'une partie du corps à l'autre. Les flèches sur ce schéma illustrent par leur taille l'importance relative des pressions qu'il faut exercer pour atteindre le seuil de la douleur.

Prévention de la douleur

Anesthésie locale

L'**anesthésie** est utilisée pour supprimer la sensation de douleur, généralement au cours d'opérations. L'anesthésie locale est pratiquée pour prévenir la douleur dans une partie du corps; par exemple, avant de soigner une carie dentaire, on injecte un anesthésique dans la région concernée ou on applique un anesthésique à la surface de la peau. Ceci bloque temporairement l'action des récepteurs locaux de la douleur. L'anesthésie générale, quant à elle, cause la perte de conscience.

Si quelqu'un a mal et absorbe un **analgésique** ou s'il est anesthésié, la douleur s'estompe. Cependant, sa cause peut subsister. En fait, la sensation de douleur n'existe que dans l'esprit, c'est-à-dire, dans le cerveau. Voilà pourquoi la douleur, plus que toutes les autres sensations, est liée à l'activité cérébrale.

Nous pouvons parfois apprendre à ignorer la douleur si nous nous concentrons sur autre chose. Des soldats blessés en secourant un camarade n'ont ressenti la douleur de leur blessure que plus tard. De même, nous pouvons apprendre à adopter une attitude expectante vis-à-vis de la douleur, avant une visite chez le dentiste par exemple. Si vous vous attendez à avoir mal, la douleur peut être pire.

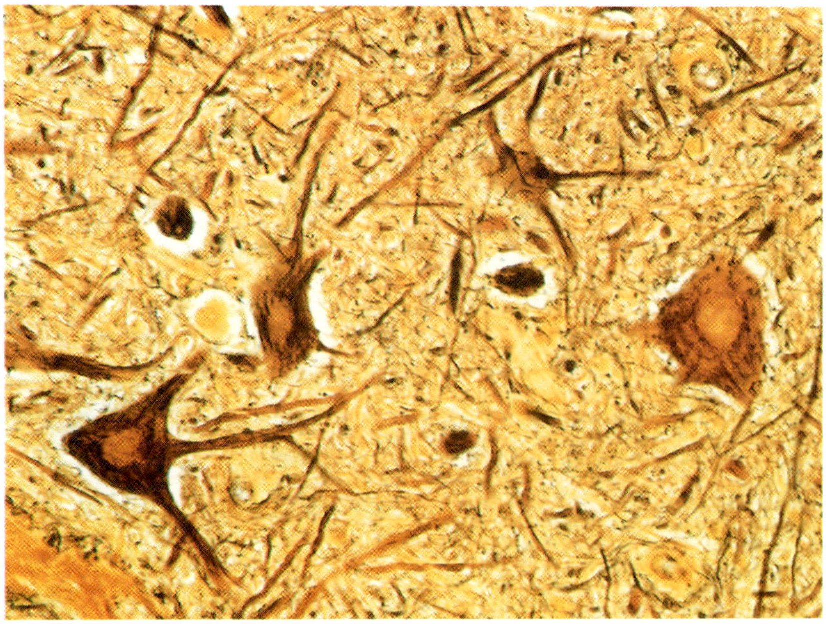

▷ Cette micrographie montre des cellules nerveuses dans le cordon médullaire. Le cordon médullaire collecte les impulsions nerveuses qui enregistrent la douleur venant de tout le corps et les transmet au cerveau. Le cerveau peut commander aux **ganglions nerveux** d'empêcher certaines de ces impulsions de l'atteindre.

Ce phénomène résulte de l'aptitude du cerveau à inhiber la douleur dans certains cas. Une partie du mécanisme actionné pour atteindre cet objectif est reliée au **cordon médullaire.** Celui-ci peut bloquer une fraction des impulsions nerveuses générées par la douleur avant leur transmission au cerveau.

On a découvert dans le cerveau et le cordon médullaire des **endorphines.** Ces substances jouent un rôle dans le mécanisme d'inhibition de la douleur. Elles altèrent aussi les types d'émotions accompagnatrices de la douleur, telles que l'angoisse et la peur. Leur appellation vient de «endogène», c'est-à-dire prenant naissance à l'intérieur du corps et **«morphine»,** un analgésique puissant.

△ La compétition de haut niveau requiert un effort considérable, comme l'attestent ces sauteurs de «haies». Parfois le véritable effort physique et la vigueur requises peuvent se fondre dans une sensation de douleur. Les athlètes comme les coureurs de fond peuvent apprendre à franchir ce seuil de la douleur et à améliorer encore leur performance – pour autant qu'il n'en résulte pas de lésions.

Le contrôle des muscles

Fermez les yeux et battez des mains. Comment saviez-vous, sans regarder, que vos mains se rejoindraient ? Les muscles et les tendons sont pourvus de récepteurs appelés **propriocepteurs** qui détectent l'état de tension d'un muscle et font apparaître si celui-ci est court et contracté, ou long et relaxé.

Le cerveau reçoit des impulsions venant des propriocepteurs répartis à travers tout le corps. Il rassemble ces informations et construit une image mentale de la configuration et de la position de chacune

▽ Les articulations renferment des récepteurs spéciaux qui fournissent l'information sur la position du membre.

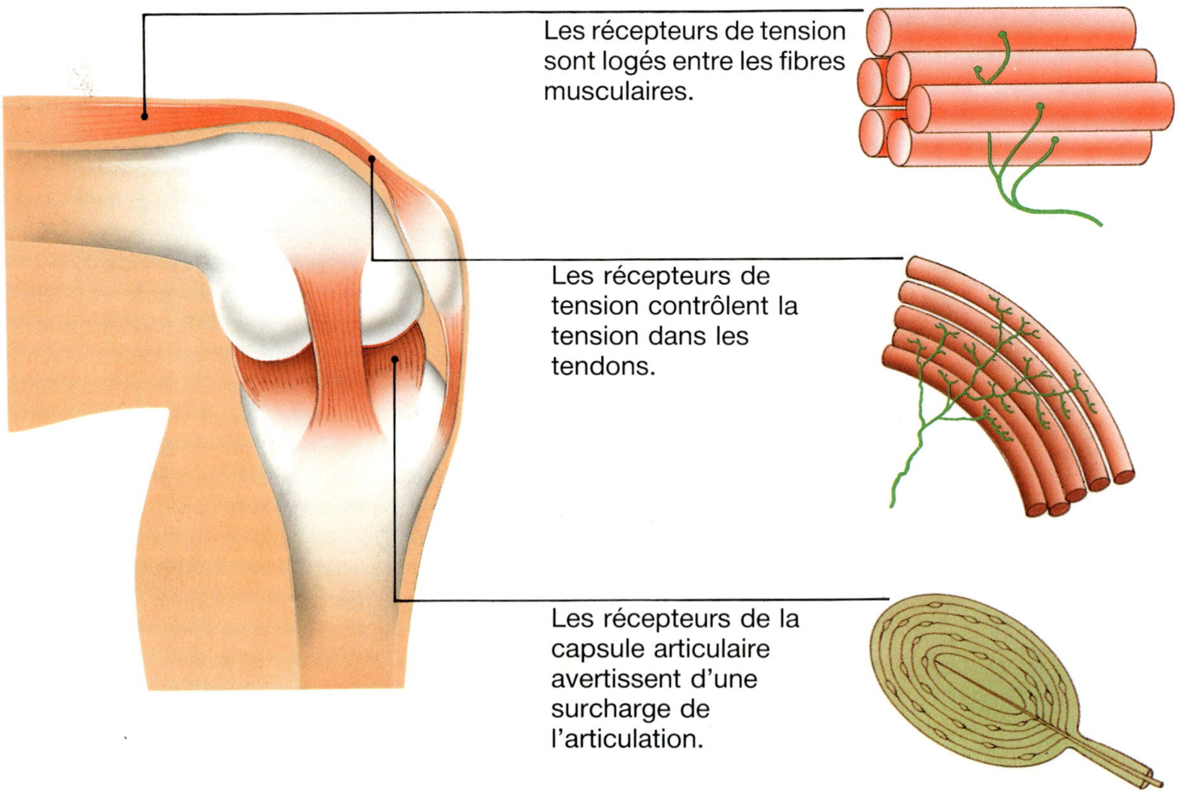

des parties du corps. Cette sensibilité **proprioceptive** est parfois appelée sens **kinesthésique.** En général, les propriocepteurs surveillent les muscles et les mouvements et rendent ceux-ci coulants et équilibrés.

Le cerveau est généralement trop occupé pour être impliqué dans ce processus continu. La proprioception est donc largement automatique, mise en œuvre par un système de réflexes. Le mouvement d'une partie du corps est détecté par les propriocepteurs qui envoient des impulsions nerveuses au cordon médullaire. Des impulsions supplémentaires commandent à d'autres muscles d'actionner d'autres parties du corps pour maintenir l'équilibre. Dans le **réflexe** rotulien, les propriocepteurs émettent des impulsions signifiant (à tort) que l'on tombe à la renverse. Le réflexe fait se tendre le genou automatiquement.

▽ Les propriocepteurs des muscles, des tendons et des articulations nous rendent conscients de la position du corps et des membres. Des prouesses d'équilibre, comme celle de cette gymnaste, impliquent une réaction instantanée des sens – y compris les propriocepteurs, l'équilibre et la vision – vers les muscles qui commandent et assurent les mouvements.

Le goût et l'odorat

Nous flairons avec le nez, nous goûtons avec la langue. Le nez détecte les molécules odorantes qui flottent dans l'air, tandis que la langue détecte les molécules sapides en solution aqueuse.

Ces deux sens sont apparentés. Quand nous mangeons, le «goût» est réellement une combinaison du goût et de l'odorat. La raison en est que les aliments dans la bouche répandent quelques molécules odorantes dans l'air. Celles-ci passent par le pharynx nasal pour atteindre les **fosses nasales** et y stimuler les récepteurs de l'odorat.

▷ L'odeur peut déclencher des réactions variées de l'organisme. Quand nous avons faim, les odeurs de cuisine stimulent le cerveau qui commande aux glandes salivaires de fonctionner et d'envoyer par anticipation de la salive dans la bouche. Voilà pourquoi on dit qu'un plat vous «met l'eau à la bouche».

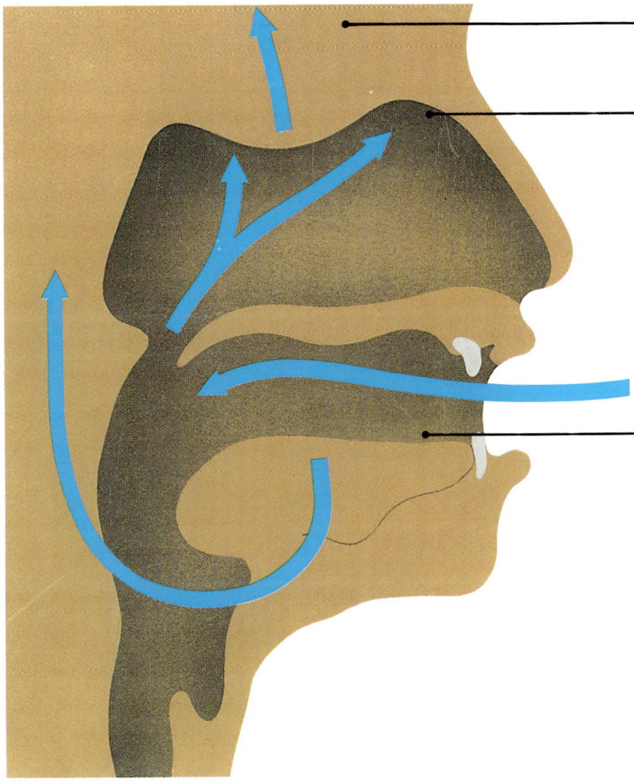

◁ Les aliments contenus dans la bouche stimulent les récepteurs du goût sur la langue. De fines particules passent dans les fosses nasales où elles stimulent l'odorat. Les impulsions nerveuses du goût et de l'odorat cheminent séparément vers le cerveau.

Quand nous sommes enrhumés, les aliments perdent leur saveur parce que le nez est encombré de mucus. L'air ne peut pas circuler, les récepteurs olfactifs sont neutralisés et l'odorat n'apporte plus sa contribution au goût. De même, nous pouvons souvent «goûter» une odeur parce que les molécules odorantes passent du nez dans la bouche. Certaines d'entre elles s'y mêlent à la salive qui tapisse la langue et en stimulent les récepteurs. Des animaux comme les serpents utilisent ce processus pour «goûter l'air» en le fouettant de la langue.

À l'origine, le goût et l'odorat jouaient le rôle fondamental de communiquer au cerveau si la nourriture était comestible. Ces sens sont en rapport avec les parties du cerveau impliquées dans d'autres besoins physiologiques élémentaires, tels la faim et la soif.

Les organes de l'odorat

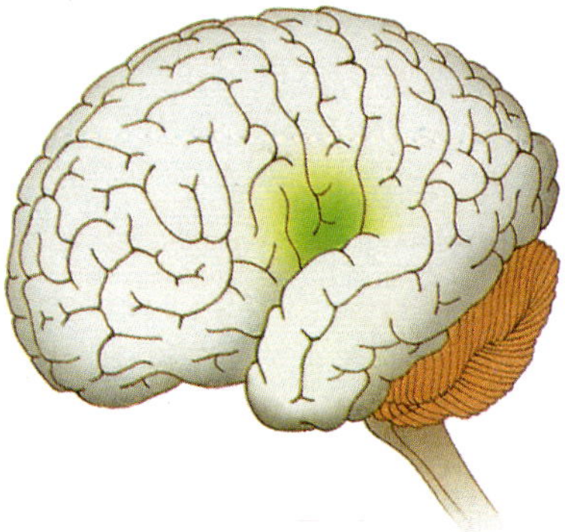

△ Les informations fournies par les organes olfactifs sont interprétées dans une petite zone du cortex cervical.

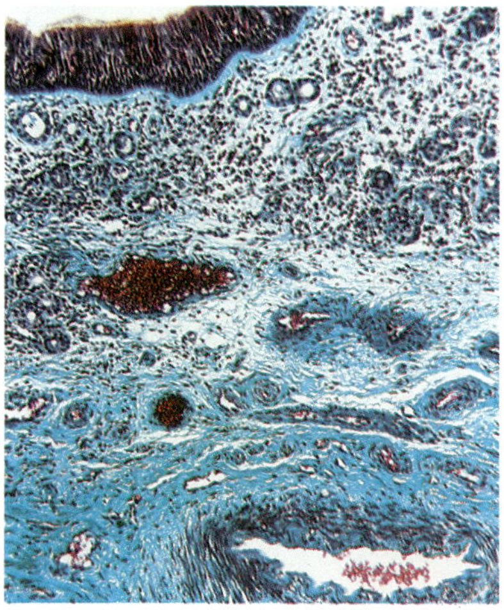

△ Cette microphotographie montre une coupe de la muqueuse des fosses nasales. La zone violette au sommet de l'image est le siège des cellules olfactives. Au-dessus, une couche de tissu renfermant des terminaisons nerveuses et des capillaires sanguins.

Les parties du nez détectant les odeurs s'appellent les organes olfactifs. Ils occupent une surface de la taille de l'ongle du pouce, à l'étage supérieur des fosses nasales, grosso modo derrière l'os propre du nez. À chaque inspiration, l'air traverse les fosses nasales. Trois saillies osseuses sensiblement parallèles dirigées d'avant en arrière, les **cornets**, canalisent l'air et le dirigent vers l'arrière vers le pharynx nasal et la trachée-artère. Une partie de l'air effleure la couche de mucus qui tapisse les organes olfactifs. Les molécules odorantes qu'il transporte se collent au mucus, le traversent et sont détectées par les minuscules poils sensoriels dressés sur les organes olfactifs. Ces terminaisons sensorielles, excitées par les stimuli que sont les molécules odorantes, émettent des impulsions électriques à travers les rameaux internes du nerf olfactif. Ceux-ci traversent la cloison supérieure des fosses nasales, se rejoignent dans un renflement du nerf olfactif appelé bulbe olfactif. À partir de là, le nerf olfactif transporte les impulsions jusqu'au centre de l'odorat situé sur le côté du cerveau.

En respirant, nous surveillons les odeurs. Nous percevons ainsi les effluves inhabituels qui pourraient être dangereux. Une odeur désagréable peut vous amener à vous boucher le nez, voire vomir, car elle peut émaner d'aliments déjà ingérés. Si nous voulons mieux percevoir une odeur, nous reniflons. Cette action a pour effet d'augmenter le volume d'air qui effleurera les organes olfactifs ainsi que de renforcer l'odeur.

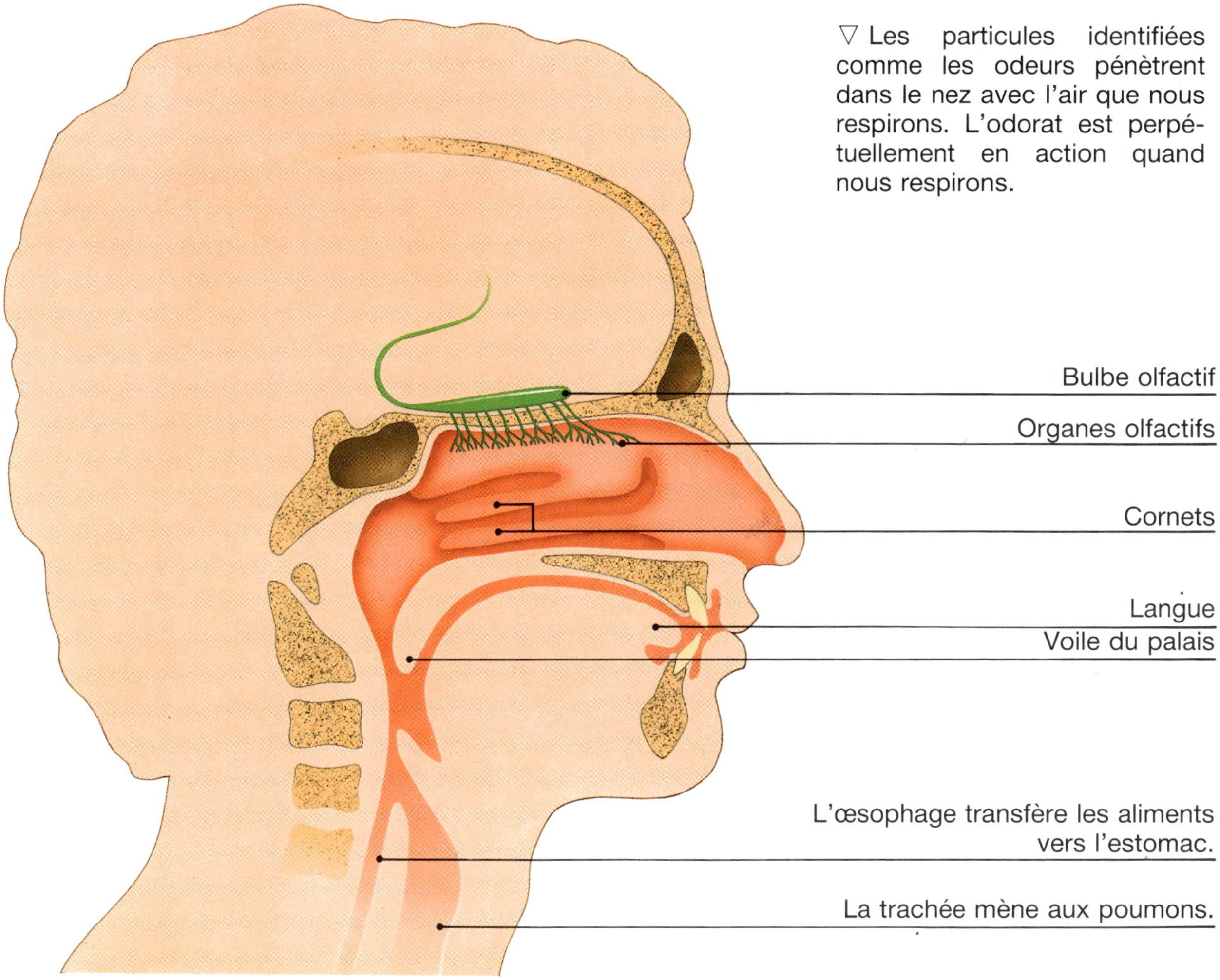

▽ Les particules identifiées comme les odeurs pénètrent dans le nez avec l'air que nous respirons. L'odorat est perpétuellement en action quand nous respirons.

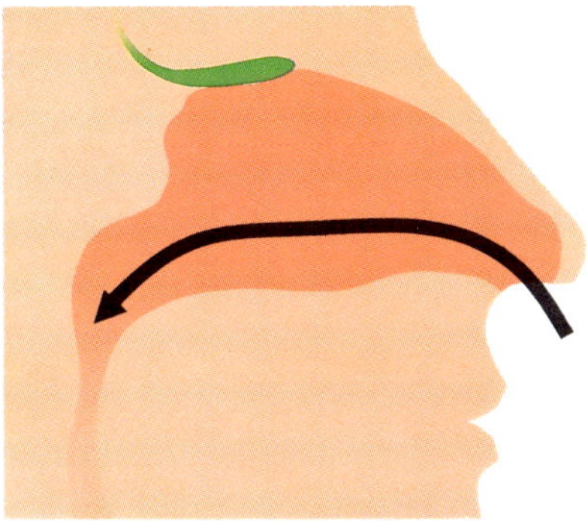

△ Au cours de la respiration normale, l'air passe directement dans le pharynx.

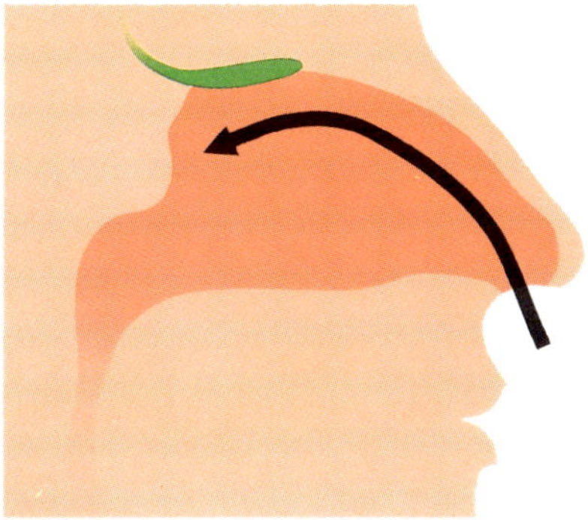

△ Quand nous reniflons, l'air tourbillonne vers le haut et s'écoule sur les récepteurs au sommet des fosses nasales.

Détection des odeurs

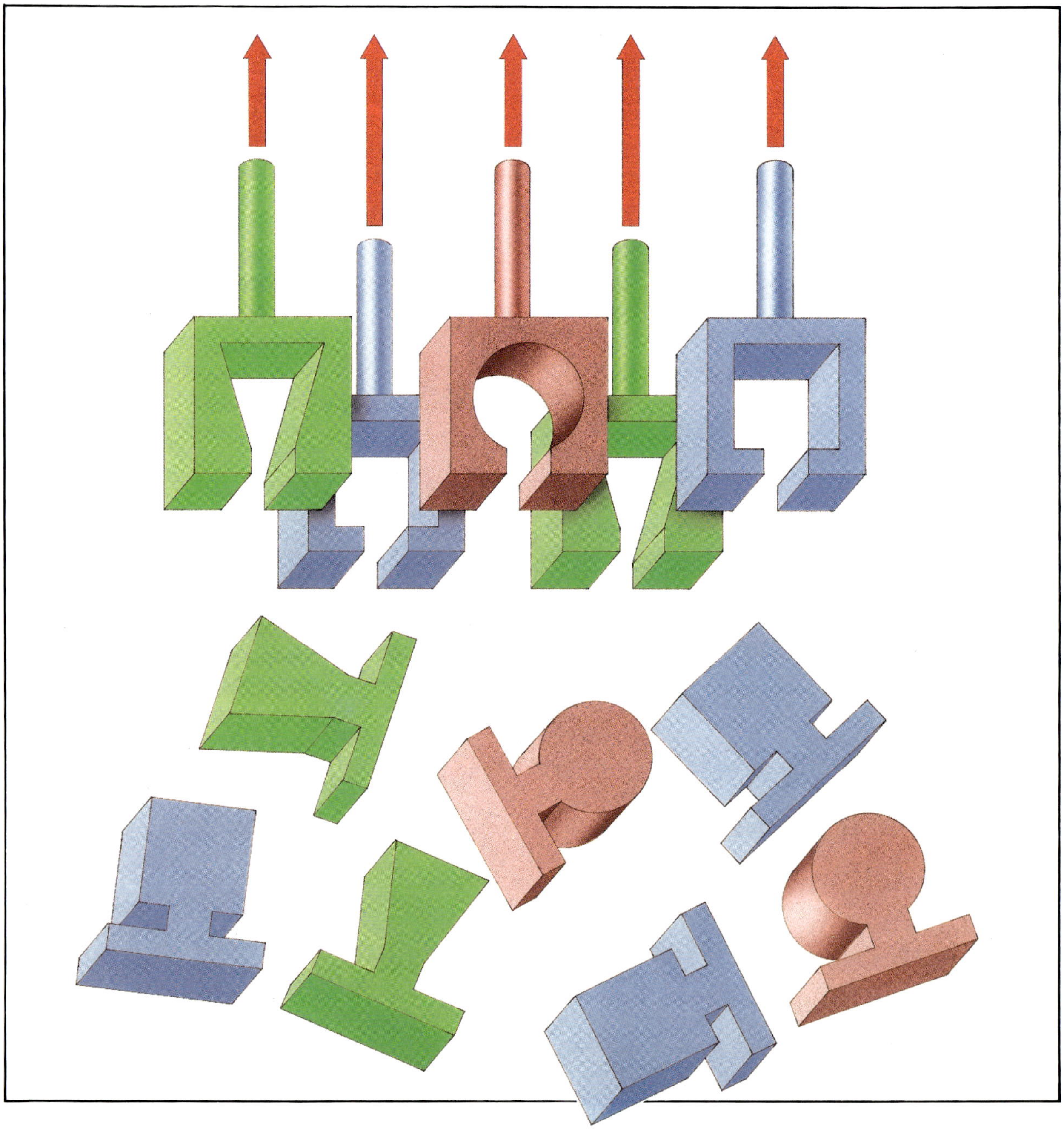

◁ On pense que les substances odorantes sont constituées de molécules dont la forme caractéristique s'adapte à un type particulier de récepteur, y provoquant une impulsion nerveuse. C'est la théorie de «la clef et de la serrure».

La science ignore le mécanisme exact de l'odorat. L'existence de plusieurs types fondamentaux de molécules odorantes n'est pas exclue, chaque odeur étant le produit du mélange de différents types. Chaque type peut être détecté par un récepteur spécifique. Mais il peut aussi bien exister sept types de récepteurs qu'une trentaine. Lorsque le cerveau reçoit des impulsions nerveuses de ces différents récepteurs, il interprète cette composition d'odeurs comme une odeur unique.

Comment les molécules odorantes déclenchent-elles une impulsion nerveuse? Elles doivent d'abord se dissoudre dans la couche de mucus qui tapisse les poils sensoriels. Puis il faut qu'il y ait interaction entre ceux-ci et les stimuli. Une hypothèse est la théorie de «la clef et de la serrure». Chaque molécule odorante a une forme déterminée qui s'adapte comme une «clef» à la «serrure» constituée par un type de récepteur (voir schéma).

Certaines odeurs que nous détectons n'existent pas dans la nature. Si nous sommes aptes à percevoir ces odeurs artificielles, c'est sans doute parce que leurs molécules ressemblent à des molécules odorantes produites par des substances naturelles.

△ Le parfum d'un vin est appelé «bouquet». Certains œnophiles sont capables de déterminer l'âge et l'origine d'un vin rien qu'en le humant.

Chez l'homme, l'odorat est quelque 10 000 fois plus sensible que le goût. Nous pouvons en moyenne détecter et distinguer environ 3 000 odeurs différentes. Des experts comme les goûteurs de cru, qui dans leur métier font appel à leur odorat, n'ont pas le nez particulièrement sensible. Mais ils sont capables de se concentrer sur les odeurs qu'ils perçoivent, de les identifier et de s'en souvenir. Plus que d'un nez entraîné, ils disposent d'un cerveau entraîné.

La sensibilité du nez

△ Les gens apprécient les parfums naturels des fleurs, de la campagne et des rivages marins. Beaucoup d'odeurs sont mémorisées. Si, de nombreuses années plus tard, les mêmes odeurs effleurent nos narines, elles peuvent ressusciter en nous l'image associée à leur première perception.

Si nous entrons dans une maison où vivent des animaux familiers, nous pouvons d'emblée en percevoir les odeurs. Cependant, après quelque temps, celles-ci paraissent s'estomper. Les organes olfactifs réagissent principalement aux changements de stimuli. Les habitants de la maison peuvent être tellement habitués à ces odeurs qu'ils ne les perçoivent pas à moins de s'absenter pendant quelque temps.

Il se peut que l'intensité d'une odeur doive devenir 300 fois plus forte avant que nous la percevions à nouveau. Notre environnement répand tellement d'odeurs que le cerveau serait submergé s'il devait les suivre toutes. C'est là une illustration de la sélectivité sensorielle et de la façon dont le cerveau filtre l'information. Seule celle qui a trait a un changement potentiellement important des odeurs de l'environnement parvient au cerveau et est perçue.

Comparé aux animaux, l'homme ne jouit pas d'un odorat particulièrement développé. Notre organisme compte environ cinq millions de cellules réceptrices de l'odorat, pourvues chacune de 6 poils sensoriels. La zone olfactive d'un chien peut être de même taille, mais elle est garnie de 100 millions de cellules réceptrices, munies chacune de 100 poils sensoriels : les chiens peuvent suivre quelqu'un à la trace et renifler certaines substances telles que les drogues.

Par rapport à d'autres animaux, l'homme a aujourd'hui un usage limité de son nez. Il renifle des aliments et des boissons pour en apprécier l'arôme.

◁ Certaines odeurs sont inhérentes au corps humain, mais dans la société actuelle, nous pouvons tenter de les masquer ou de les remplacer par d'autres. Cette attitude résulte en partie de notre éducation selon laquelle les odeurs corporelles ne seraient pas naturelles et doivent être évitées. Cependant, une forte odeur corporelle peut résulter d'une hygiène déficiente s'accompagnant de saleté et porteuse de maladies.

Il enregistre aussi les odeurs qui l'engagent à rester à distance, telles que les eaux d'égouts, peut-être par crainte de maladie. Beaucoup d'autres animaux font un usage plus large des odeurs. Ils peuvent marquer leur territoire avec leur urine, leurs excréments ou des sécrétions odorantes de glandes spéciales.

Quelques insectes ont un odorat étonnant. Une mite mâle peut détecter à des kilomètres l'odeur d'une mite femelle. De telles odeurs, qui incitent un animal à entreprendre une action déterminée, s'appellent **phérormones.** Ce mot s'apparente à **hormones,** ces messagers chimiques du corps. Les phérormones sont des messagers chimiques externes qui exercent leur action à distance. La transpiration et d'autres sécrétions corporelles humaines contiennent des phérormones, bien que nous ne soyons pas toujours conscients de l'effet qu'elles ont sur nous.

Les organes du goût

Les quatre régions les plus sensibles du goût sont le bout de la langue, ses côtés et son arrière. Elles détectent une ou plusieurs des quatre saveurs fondamentales : acide, amer, salé, sucré.

Si nous mangeons quelque mets au goût mauvais, nous pouvons faire une grimace ou même le recracher. C'est ainsi que le sens du goût contribue à protéger le corps contre l'absorption d'aliment délétère ou contaminé. Nous gardons un souvenir vivace d'un mauvais goût comme d'une odeur désagréable.

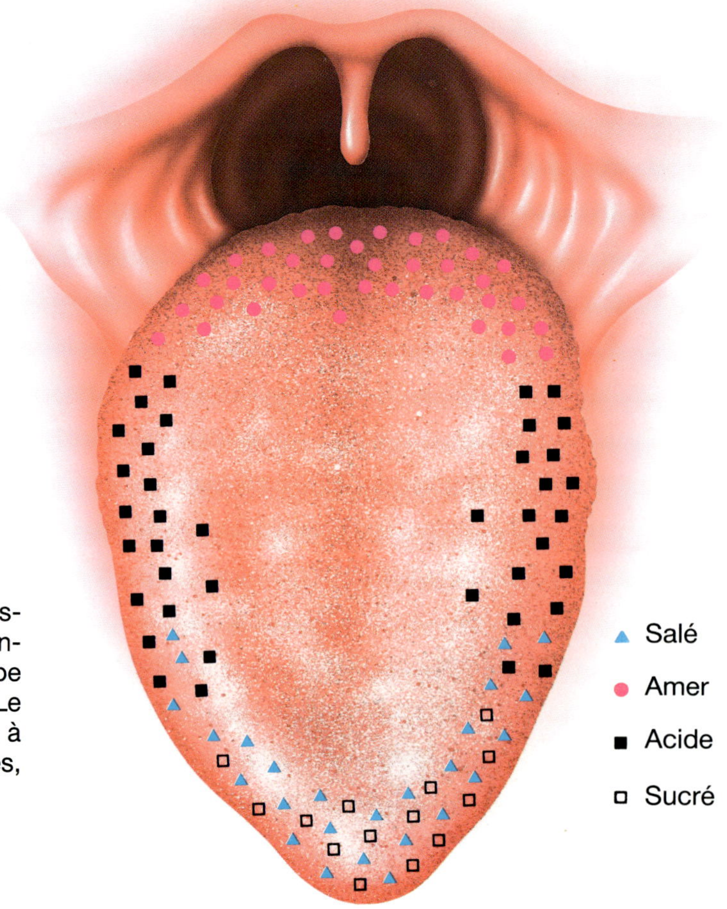

▷ Les organes du goût sont essentiellement situés sur la langue. Ils sont groupés par type de saveur qu'ils perçoivent. Le sucré et le salé sont détectés à l'avant, l'acide sur les côtés, l'amer à l'arrière.

Les récepteurs du goût s'appellent des **bourgeons gustatifs** constitués chacun d'une trentaine de cellules oblongues assemblées comme les quartiers d'une orange. Les molécules des arômes pénètrent dans le centre de l'« orange » par un orifice du sommet.

Les cellules composant les bourgeons gustatifs ont une durée de vie de quelques jours. Comme d'autres cellules superficielles du corps, elles s'usent continuellement et sont remplacées par de nouvelles nées par division cellulaire.

Un adulte peut avoir jusqu'à 10 000 bourgeons gustatifs, situés pour la plupart sur la langue. Ils y sont groupés en minuscules papilles gustatives, à peine visibles à la loupe. Une papille compte jusqu'à 200 bourgeons. On trouve d'autres bourgeons gustatifs tout au fond de la bouche et dans la gorge.

Un jeune enfant possède plus de bourgeons gustatifs qu'un adulte. L'âge croissant, le nombre de ces bourgeons diminue. Les gens âgés tendent à ne plus détecter la saveur des aliments et certains, par conséquent, perdent tout intérêt à manger.

▽ Les récepteurs du goût sont groupés dans des structures appelées papilles gustatives visibles à la surface de la langue et ressemblant à de petites bosses ou à des grains. La microphotographie (à gauche) révèle plusieurs bourgeons gustatifs. De forme oblongue, ceux-ci sont enchâssés dans la surface de la langue.

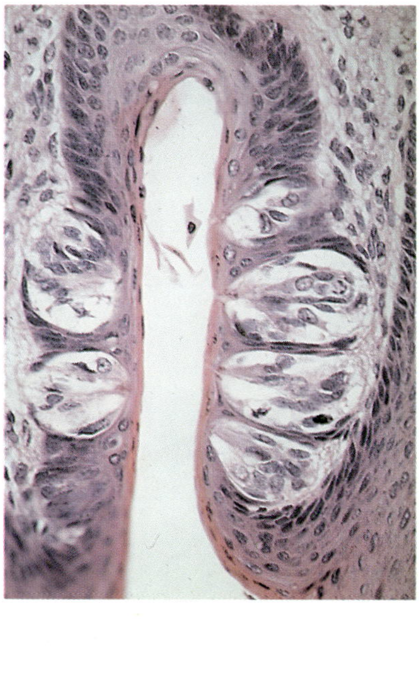

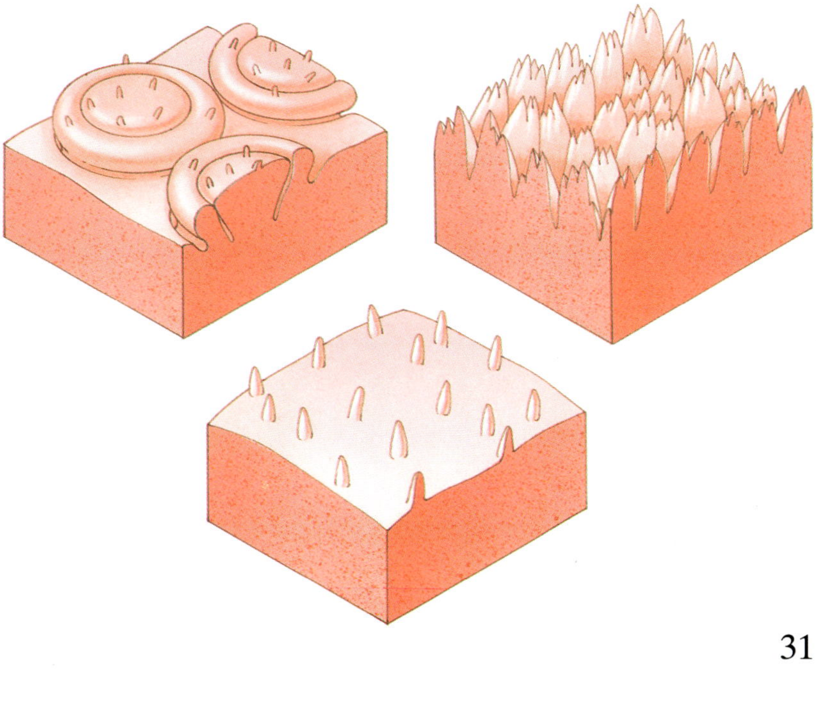

Mécanisme du goût

▽ On peut ressentir les goûts sucré et amer en buvant du café sucré. Les deux sensations parcourent des nerfs différents pour atteindre le cerveau où elles sont combinées pour former l'arôme unique que nous apprécions.

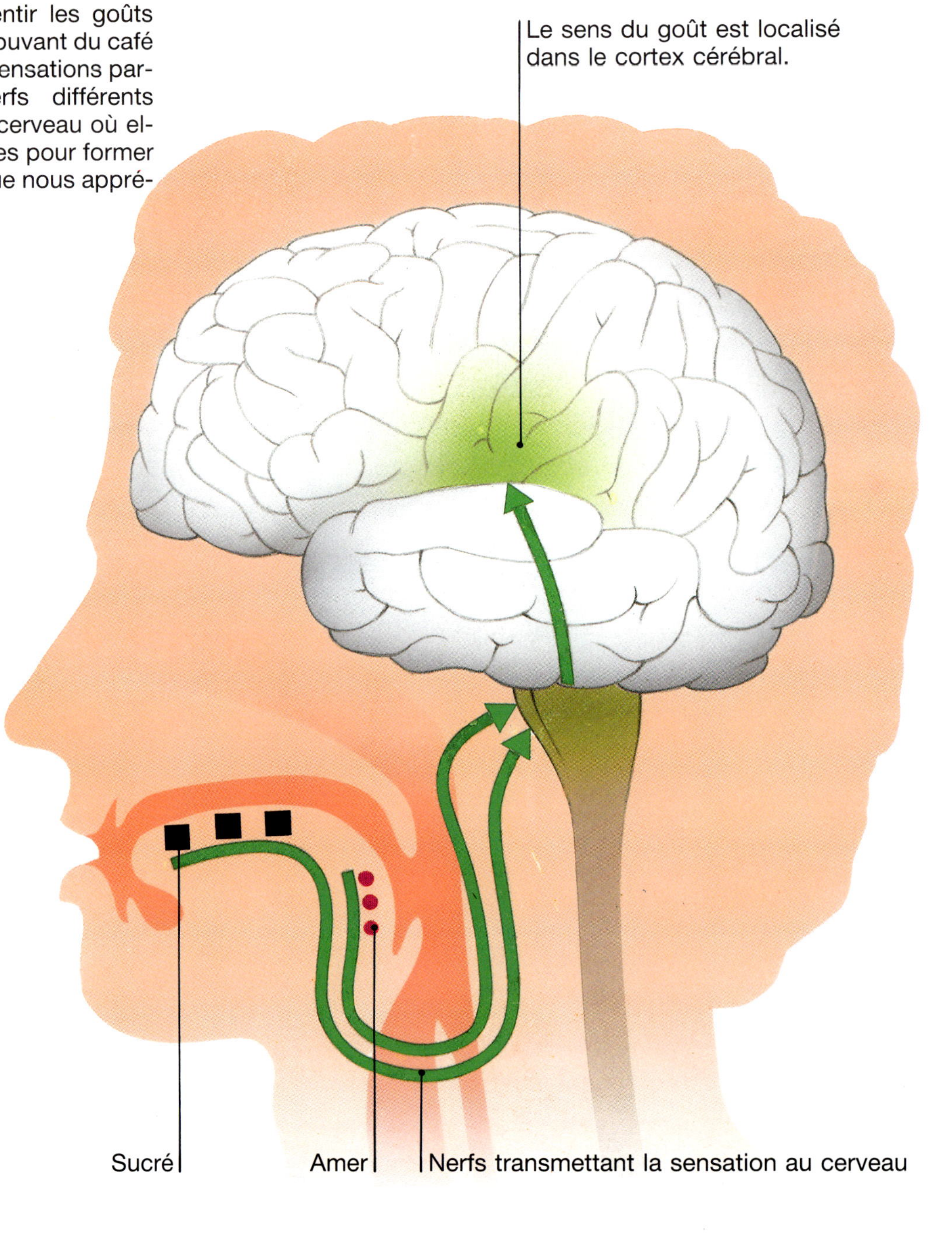

Quand nous mangeons des aliments très épicés, les premières bouchées semblent très fortes, elles « brûlent ». Cependant, au fur et à mesure du remplissage des bourgeons gustatifs par des molécules aromatisées et de l'accoutumance du cerveau à la sensation épicée, nous y prêtons moins d'attention.

On pense que les cellules réceptrices des bourgeons gustatifs pourraient réagir à la forme des cellules aromatisées dissoutes, suivant la théorie de « la clef et de la serrure », appliquée à la détection des odeurs par le nez. Ceci expliquerait pourquoi de nouvelles substances chimiques artificielles paraissent avoir le goût d'aliments naturels : leurs molécules ont des formes similaires. Mais ceci n'explique pas tous les aspects du mécanisme du goût. La plupart des substances acides ont un goût aigre, bien que leurs molécules soient de formes très différentes. Nous détectons comme « salées » des substances qui se rompent en particules chargées électriquement quand elles se dissocient. Il est donc possible qu'un rapport existe entre le goût et la nature chimique et électrique des molécules aromatiques.

Les sensations du goût ne cheminent qu'assez lentement vers le cerveau. Nous percevons généralement l'odeur avant le goût. L'emplacement des bourgeons gustatifs détermine aussi des décalages sensoriels. Le sucré et le salé détectés principalement au bout de la langue sont habituellement enregistrés les premiers dans le cerveau. Les saveurs amères peuvent n'être pas entièrement perçues avant que la nourriture ne passe sur les principaux bourgeons gustatifs sensibles à l'amer, situés à l'arrière de la langue. Ceci peut laisser dans la bouche un goût amer.

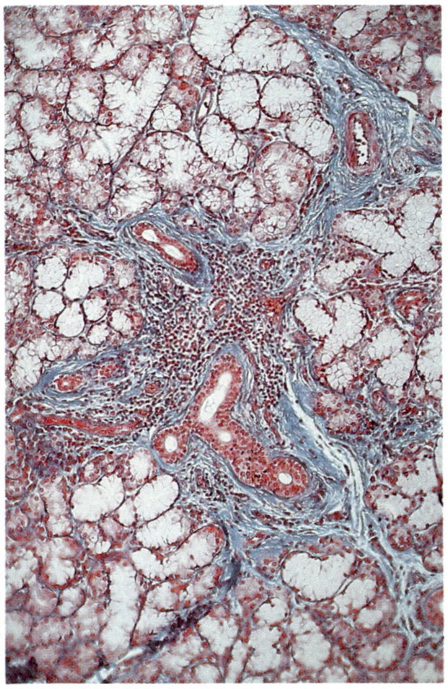

△ Cette microphotographie montre des groupes de cellules d'une glande salivaire. La bouche compte six glandes salivaires qui sécrètent ce liquide appelé salive. La salive tapisse l'intérieur de la bouche. Les molécules aromatiques se dissolvent dans la salive sur la langue, de façon à ce que les bourgeons gustatifs puissent les identifier. La salive se mélange aux aliments lorsque nous mâchons, pour les lubrifier et en faciliter la déglutition.

Mystification des sens

> **Les additifs**
>
> Bien que nous sachions généralement si ce que nous sommes sur le point de manger nous empoisonnera ou non, certains aliments en conserve contiennent des ingrédients qui peuvent être nuisibles. Le goût et l'odorat ne nous permettent pas de détecter ces additifs. En voici trois :
>
> - La tartrazine est un composé chimique utilisé pour colorer les aliments en jaune. Est ajouté à certaines conserves de légumes, de crème, de poisson fumé et de boissons variées. Il peut être à l'origine d'allergies (asthme, rougeurs de la peau, etc...) chez certains.
> - L'érythrosine est utilisée pour colorer des aliments en rouge. Se trouve dans certaines préparations pour gâteaux et fruits en conserve. Elle peut interférer avec l'action de certaines hormones du corps et est susceptible de rendre certains enfants nerveux.
> - Le chlore a été utilisé pour blanchir certains aliments (pain, farine,...) et les conserver. Substance puissante, c'est un additif interdit dans de nombreux pays.

La vie quotidienne nous donne l'occasion d'utiliser tous nos sens. En passant à table pour un repas, nos yeux voient les aliments. Le nez les sent. La peau et l'intérieur de la bouche en détectent la température, la résistance et la texture. La langue goûte son arôme. L'impression qui en résulte est une combinaison de toutes ces perceptions sensorielles.

L'impression est aussi affectée par l'expérience antérieure. Le cerveau se souvient des images, des sons, des odeurs, des goûts et des sensations et les synthétise. Des aliments d'une couleur inhabituelle peuvent ne pas être goûtés correctement. Une boisson jaune parfumée à la fraise déroute les sens, parce que la couleur et le goût ne s'accordent pas.

Vous pouvez montrer l'étroite relation existant entre les sens du toucher, du goût et de l'odorat, en faisant une expérience destinée à éliminer successivement chaque indication sensorielle. Demandez à un ami de vous aider. Prenez quelques aliments courants tels qu'une pomme et une pomme de terre et coupez-les en morceaux. Faites-vous bander les yeux et servez-vous de vos doigts pour porter ces aliments à la bouche (les propriocepteurs de vos muscles permettront à vos doigts de trouver votre bouche sans voir !). Les deux aliments seront probablement identifiables sans difficulté, parce que vos doigts en percevront la texture et que vous en sentirez l'odeur et les goûterez.

Essayez ensuite d'utiliser une fourchette. Vos

doigts ne peuvent plus toucher la nourriture de sorte qu'il sera probablement un peu plus difficile de l'identifier. Tentez maintenant de manger ces aliments en vous pinçant le nez. Cette fois l'identification est plus difficile. Enfin, écrasez chaque morceau pour en altérer la texture. Il ne vous reste que le goût. Et à ce moment-là vous commencerez à être habitué aux arômes de la pomme et de la pomme de terre. Vous pouvez même trouver la distinction impossible. Cependant, un goût nouveau et fort allié à une texture différente, comme une cuillerée de jus de citron, aura un effet notable !

Le toucher, le goût et l'odorat, comme les autres sens, sont conçus pour nous fournir d'importants renseignements sur l'environnement. Le cerveau peut, la plupart du temps, ignorer la majorité d'entre eux. Cependant, un changement soudain, tel que percevoir la chaleur d'une flamme ou sentir l'odeur de fumée peut nous alerter d'un danger et peut-être nous sauver la vie.

▽ Beaucoup d'aliments en conserve contiennent des **additifs** tels que des arômes et des couleurs artificielles qui rendent ces produits appétissants et leur donnent le goût d'aliments familiers. Des personnes peuvent être particulièrement sensibles à certains de ces additifs et après absorption de ces aliments avoir des maux de tête ou développer une allergie.

Instruments hypersensibles

La technologie moderne a permis la construction de nombreux instruments bien plus performants que l'homme sur les plans du toucher et de l'odorat. Les ingénieurs disposent par exemple d'accéléromètres capables de mesurer des vibrations imperceptibles au toucher humain. L'accéléromètre électronique renferme des cristaux traversés par un courant électrique. Soumis à des compressions et à des extensions par d'infimes vibrations, les cristaux modifient le courant. Les accéléromètres sont utilisés dans les fusées spatiales et les satellites pour mesurer toutes les vibrations susceptibles d'altérer les circuits électroniques délicats.

Des instruments «renifleurs» bien plus sensibles que le nez de l'homme, ont été aussi développés. Ils sont utilisés pour détecter des substances telles que la drogue cachée dans du fret aérien. Depuis longtemps on a utilisé et on utilise encore des chiens à cet effet.

Un des types de détecteurs de drogue est constitué d'un tube aspirateur muni d'un capteur chimique sensible à certaines substances spécifiques.

Un autre type est fait d'une résine synthétique qui absorbe les molécules odorantes contenues dans l'air. Cette résine est placée pendant un certain temps dans un endroit que l'on veut tester. Elle est ensuite traitée en laboratoire pour libérer les molécules odorantes dans un appareil qui les analyse par **chromatographie** en phase gazeuse où des concentrations de l'ordre du millionnième sont détectées.

◁ Les instruments renifleurs utilisés dans les ports et les aéroports « hument » les marchandises et détectent les émanations des drogues, des explosifs, de l'alcool et d'autres substances suspectes quelle que soit l'étanchéité de leur emballage. CONDOR (système détecteur de contrebande) aspire des échantillons d'air au voisinage de valises ou de colis (ci-dessous) et les envoie par un tuyau dans un camion. Celui-ci est équipé d'un **spectographe de masse** qui analyse les odeurs portées par l'air. Les ordinateurs du CONDOR isolent les « empreintes » spécifiques de substances illégales des nombreuses autres odeurs normalement contenues dans l'air et fournissent le résultat en deux minutes. Un aspirateur plus petit et mobile (à gauche) prend des échantillons d'air qui seront ensuite analysés dans le camion. Si des odeurs suspectes sont décelées, le chargement est fouillé à la main.

Glossaire

Additif alimentaire: substance ajoutée à une denrée alimentaire pour des raisons de fabrication, de présentation ou de conservation.

Analgésique: substance qui supprime ou atténue la sensibilité à la douleur.

Anesthésie: suppression de la sensibilité et spécialement de la sensibilité à la douleur obtenue par l'emploi des anesthésiques.

Axone: prolongement long et isolé de la cellule nerveuse par lequel l'influx nerveux s'éloigne du corps cellulaire.

Bourgeon gustatif: formation dans l'épithélium des papilles gustatives contenant les cellules gustatives.

Chromatographie: identification d'un élément chimique par analyse des fréquences – ou «couleurs» du spectre – qu'il émet ou absorbe sous l'action d'une excitation physique.

Cordon médullaire: faisceau de fibres nerveuses situé dans la moelle épinière et remontant jusqu'au cerveau. Est le siège des réflexes.

Cornets (-du nez): lames osseuses contournées des fosses nasales qui canalisent l'air et la respiration.

Cortex (cérébral): partie externe périphérique ou écorce du cerveau dans laquelle est traitée l'information. Est le siège d'une grande part de l'activité cérébrale.

Dendrites: prolongements très ramifiés de la cellule nerveuse par lesquels l'influx se rend vers le corps cellulaire.

Endorphine: substance endogène mise en évidence dans l'hypophyse, qui joue dans l'inhibition de la douleur un rôle analogue à celui de la morphine. Les premières endorphines ont été isolées et identifiées en 1975.

Fibre nerveuse: cellule spéciale et filiforme capable de transmettre un signal électrique ou influx nerveux sur toute sa longueur. Les fibres nerveuses sensitives transmettent les perceptions au cerveau. Les fibres nerveuses motrices transmettent aux muscles les ordres du cerveau.

Fosse nasale: cavité située derrière le nez et que traverse l'air inhalé avant de passer par le pharynx pour atteindre les poumons.

Ganglion nerveux: petit renflement sur le trajet de certains nerfs, constitué de petits groupes de cellules nerveuses dont le rôle est de traiter certaines informations et de provoquer une réaction sans l'intervention du cerveau. Certains réflexes sont commandés par des ganglions nerveux situés près de l'épine dorsale.

Horripilation: érection des poils dans le frisson; familièrement appelée «chair de poule».

Hormone: substance chimique spécifique, élaborée par un groupe de cellules ou un organe – généralement de structure glandulaire –, et qui exerce une action spécifique sur un autre tissu ou un autre organe.

Hyperthermie: synonyme de fièvre, peut être létale lorsque la température du corps dépasse 41°C.

Hypothermie: abaissement de la température du corps au-dessous de la normale; est critique lorsque cette température descend au-dessous de 35°C.

Kinesthésie: sensation interne du mouvement des parties du corps assurée par le sens musculaire (sensibilité profonde des muscles) et par les excitations du labyrinthe de l'oreille interne.

Kinesthésique: qui se rapporte à la kinesthésie. Sens kinesthésique.

Kinesthésique (hallucination -) : fausse impression de mouvement et de contraction des muscles.

Lèpre : maladie infectieuse et contagieuse due au bacille de Hansen ; sévit généralement sous les tropiques ; endommage le système nerveux et peut avoir des conséquences graves pour les mains et les jambes, le lépreux perdant le sens du toucher, la perception de la douleur et de la température.

Morphine : analgésique puissant obtenu à partir de l'opium.

Phénormone : (ou phéro-hormone ou phérormone) : sécrétion glandulaire comparable aux hormones mais qui est rejetée hors de l'organisme.

Propriocepteur : récepteur de la sensibilité proprioceptive.

Proprioceptif : se dit des sensations issues des muscles et des canaux semi-circulaires qui renseignent sur l'attitude, les mouvements, l'équilibre. Sensibilité proprioceptive : propre aux muscles, ligaments, os par opposition à la sensibilité tactile (dite extéroceptive) ou à la sensibilité viscérale (interoceptive).

Récepteur : structure qui répond à un stimulus tel que toucher ou sentir et provoque la naissance d'une impulsion nerveuse.

Réflexe : réaction automatique du corps à un stimulus. Cet automatisme permet une réaction immédiate sans l'intervention du cerveau. De nombreux réflexes servent à nous protéger d'un stimulus susceptible d'être porteur de danger.

Spectographe : appareil permettant d'enregistrer un spectre après avoir produit et sélectionné des radiations visibles ou invisibles.

Spectographe de masse : permet de sélectionner des faisceaux de particules ionisées en vue de déterminer leur masse.

Stimulus (pluriel : stimulus ou stimuli) : agent interne ou externe capable de provoquer la réaction d'un système excitable.

Sudoripare (glande -) : glande sécrétant la transpiration.

Tendon : structure conjonctive fibreuse, d'un blanc nacré, par laquelle un muscle s'insère sur un os.

Thalamus : les deux gros noyaux sensitifs de substance grise situés de part et d'autre du 3e ventricule cérébral, subdivisés chacun en trois groupes de noyaux par une lame de substance blanche et jouant un rôle de relais pour les voies sensitives.

Transpiration : liquide légèrement salé, sécrété par les glandes sudoripares, apparaissant à la surface de la peau par les pores et contribuant à refroidir le corps.

Index

PRINTED IN BELGIUM BY proost INTERNATIONAL BOOK PRODUCTION